AF509530

Paris au temps des Romantiques

Exposition de la Bibliothèque
et des Travaux historiques de la Ville de Paris,

organisée avec le concours des collections
de MM. Georges Decaux et Georges Hartmann.

L'Exposition est ouverte gratuitement au
public, à l'Hôtel Le Peletier de Saint-Fargeau,
29, rue de Sévigné, tous les jours, le dimanche
compris, de 10 heures du matin à 5 heures du soir,
depuis le mois de juin jusqu'au 1er octobre 1908.

Conférences sur le sujet de l'Exposition, tous
les vendredis, à 4 heures, jusqu'au 1er août.

AVERTISSEMENT

Le Service de la Bibliothèque et des Travaux historiques de la Ville de Paris, en offrant cette Exposition au public, remplit une partie du programme qui lui a été assigné lors de sa réorganisation en 1906.

Consacré à l'évolution historique de Paris, ce Service met à la disposition des chercheurs, par le moyen de la Bibliothèque — ouverte, sauf durant le mois d'août, les jours non fériés, de 9 h. à 5 h., du 1er mars au 1er octobre et de 9 h. à 4 h., du 1er octobre au 1er mars — les collections les plus précieuses à tous les points de vue du passé de la grande cité. Imprimés de toutes sortes, ouvrages rares ou curieux y voisinent avec la série complète des plans de Paris depuis le xvie siècle et un fonds de manuscrits qui abonde en documents inédits. Les destinées de la ville immense, au long des siècles passés, sont inscrites dans ces documents et ces livres ou se révèlent sur ces plans évocateurs du Paris d'autrefois.

Un *Catalogue* publié par tranches méthodiques, sous forme de monographies à la fois bibliographiques et historiques, est destiné à répandre la connaissance de ces richesses variées et à procurer aux chercheurs de nouveaux instruments de travail. Le premier volume, relatif aux impressions du xvie siècle visant l'histoire générale de Paris, vient de paraître. En même temps le *Bulletin de la Bibliothèque et des Travaux historiques* (trois fascicules parus) met le public au courant des récentes acquisitions et des dons, lui signale les faits du Service susceptibles de l'intéresser ou contient des travaux de nature bibliographique et afférents aux sources de l'histoire parisienne.

Non content d'essayer de mettre ainsi en lumière les ressources d'étude dont il a la charge, le Service de la Bibliothèque et des Travaux historiques se préoccupe de constituer, depuis l'année dernière, un vaste *Office d'informations bibliographiques et de recherches historiques sur Paris* qui renfermera, sur fiches, l'indication des documents et pièces touchant Paris manquant à la Bibliothèque et se trouvant conservés dans des dépôts divers. A l'heure actuelle, plus de trente mille fiches sont classées et permettent de fournir des renseignements aux chercheurs.

soit sur place, soit par correspondance. Le troisième fascicule du *Bulletin* expose en détail comment cet *Office* est organisé actuellement.

L'action du Service se manifeste en outre par l'enseignement de l'histoire de Paris, dont est chargé l'inspecteur des travaux historiques, conservateur de la Bibliothèque et qui comprend un cours public ayant lieu le lundi, à 4 heures et demie, depuis le début de décembre jusqu'aux approches de Pâques, ainsi qu'une conférence d'études qui se prolonge jusqu'au mois de juin et est réservée aux personnes désireuses d'approfondir l'étude des sources de l'histoire de Paris. Une importante série de clichés à projections sur le vieux Paris alimente d'illustrations le Cours public, qui se fait dans la Salle même où l'Exposition est présentement ouverte.

Enfin quatre collections d'ouvrages consacrés au passé de Paris depuis les temps les plus reculés jusqu'à nos jours et dont chacun est confié, sous le contrôle du Service aidé de Commissions techniques, à un érudit spécialement qualifié, constituent, à proprement parler, les *Travaux historiques* de la Ville.

Fondée, avec le Musée, à l'Hôtel Carnavalet, par Jules Cousin, la Bibliothèque en a été séparée pour prendre possession, en 1898, à l'état d'administration distincte, de l'Hôtel Le Peletier de Saint-Fargeau, qu'un ancêtre du célèbre conventionnel avait fait construire, vers la fin du XVII° siècle, par l'architecte Pierre Bullet. Le Musée a conservé, outre les objets de toutes sortes, les cartons d'estampes sur Paris. A la Bibliothèque sont restées celles de ces estampes qui forment série reliée ou font corps avec un texte pour constituer un livre. Ce dépôt possède aussi une collection unique de photographies d'aspects de Paris, remontant au milieu du XIX° siècle et exécutées par les soins du Service. A ces ensembles il convient d'ajouter de nombreuses gravures isolées qui ont été données à la Bibliothèque.

Ces éléments réunis fournissent maintes données iconographiques sur le Paris des Romantiques. Ils auraient été cependant insuffisants pour organiser la présente Exposition, sans le très obligeant concours de deux amis de la Bibliothèque, MM. Georges Decaux et Georges Hartmann, qui ont eu l'amabilité de faire bénéficier cette Exposition des richesses de leurs précieuses collections. Qu'ils veuillent bien trouver ici l'expression de la gratitude du Service. Grâce à eux, bon nombre de gravures qu'il n'eût pas été possible de montrer en raison de leur groupement en volume à la Bibliothèque ou à cause de la dimension du livre dans lequel elles figurent, se trouvent présentées au public ; d'autres pièces, voisinant avec les précédentes dans les vitrines, manquaient aux collections du Service.

Telle qu'elle s'offre aux visiteurs, cette Exposition, la seconde de celles dont le Service a pris l'initiative, peut fournir un aperçu du cadre parisien dans lequel s'est développé le mouvement dénommé Romantisme. Le mouvement lui-même n'est qu'accessoirement représenté dans les vitrines ; le véritable sujet de l'Exposition est la reconstitution de Paris à cette époque. Il s'ensuit que c'est la pièce documentaire qui domine ici. De plus, cette reconstitution à été demandée, dans certains cas, à des documents qui, pour être postérieurs, n'en révèlent pas moins la physionomie du Paris romantique. Enfin le système de la leçon de choses a été maintenu, par un classement méthodique aussi rigoureux que possible et des indications précises annexées à chaque pièce.

Plans et panoramas de Paris

A droite de la porte d'entrée, en face d'une curieuse vue des magasins de Pygmalion datée de 1844, se succèdent, le long des murs, diverses parties d'un exemplaire en couleurs du grand plan géométral de Jacoubet, qui contient le relevé du Paris de 1830, avec le numérotage des maisons. A la suite viennent ces plans :

Révolution de Paris, 1830. Plan figuratif des barricades ainsi que des positions et mouvements des citoyens armés et des troupes, pendant les journées des 27, 28 et 29 juillet, fait en autographie, dressé et publié par Charles Motte ;

Nouveau plan illustré de la ville de Paris, avec le système complet de ses fortifications et forts détachés... dressé par A. Vuillemin, 1840 ;

Nouveau plan de Paris en relief par le procédé... Bauerkeller, 1839.

Les deux grands meubles du fond supportent les deux pièces suivantes :

Plan pittoresque de la ville de Paris, dressé par A. Vuillemin, 1840. Ce plan est parsemé de figurations des principaux monuments :

Plan de Paris... dessiné et gravé par Dyonnet, 1838. C'est un plan tout encadré de vues de Paris.

Deux autres plans, disposés sur des chevalets dans la salle, portent aussi des encadrements. L'un de ces plans, en couleurs, est intitulé : *Révolution de 1830. Plan de combats de Paris aux 27, 28 et 29 juillet, par deux témoins assidus, Ajasson de Grandsagne et Maurice Plant.* Autour, les scènes des Trois Glorieuses alternent avec de petits plans spéciaux du théâtre des événements. L'autre présente ce caractère de fournir une liste des citoyens tués et décorés.

Au-dessus de la grande vitrine qui s'étend le long des fenêtres, s'étagent diverses vues panoramiques de Paris, dont une, en couleurs, a été prise de la Butte Montmartre, et une autre, de la Tour carrée de Saint-Gervais. Entre ces deux longues pièces a pris place, en deux parties pouvant se réunir et dont une est avant la lettre, un panorama de la Seine et de ses rives depuis le Pont-Neuf jusqu'au pont de la Révolution ou pont de la Concorde.

I

Notre-Dame de Paris et la Cité

La Cité, caractérisée à ses deux extrémités par le Palais et Notre-Dame, avait gardé un aspect moyenâgeux qui la situait à merveille dans le cadre de l'époque romantique. Ses vieilles rues tortueuses, étroites, malpropres sont ici la rue Saint-Éloi, l'impasse Saint-Martial, les rues aux Fèves et de la Calandre, le passage des Cargaisons qui serpentaient sur l'emplacement de la caserne de la Cité, tandis que les rues Gervais-Laurent et Sainte-Croix traversaient l'espace qu'occupe aujourd'hui le Marché-aux-Fleurs. Dans la rue du Marché-Neuf se trouvait la Morgue, sur le bord immédiat de cette Seine qui l'alimentait de cadavres, entre le pont Saint-Michel et le Petit-Pont. Par delà, à l'est, c'est la magnificence gothique et romantique de Notre-Dame, à laquelle nous conduit la rue Saint-Christophe, figurée en une lithographie curieusement évocatrice des abords de la puissante cathédrale. Nous pouvons, à côté, admirer l'église, qui domine un Parvis moins étendu que celui de nos jours, avec, à gauche de la façade, la perspective de la rue du Cloître, et, à droite, l'Hôtel-Dieu qu'une eau-forte de Méryon nous montre si pittoresquement baigné par la Seine, à l'est du Petit-Pont. Deux lithographies voisines nous convient à contempler, au midi, la Cathédrale, véritable monstre accroupi, dressant, au couchant, ses tours comme de gigantesques oreilles, au long d'une Seine peuplée de barques de blanchisseuses, tandis que sur la grève de la rive gauche, des perches tendues aux fenêtres des maisons supportent le linge qui s'offre au soleil. Le Palais de l'Archevêché, démoli en 1832, flanquait ce côté de l'église. Maintenant voici le côté septentrional de cette dernière, avec la région du Cloître, la rue Chanoinesse dont la tour dite de Dagobert a été démolie cette année, la rue des Chantres terminée, sur notre Quai-aux-Fleurs, par la maison d'Héloïse et d'Abélard, souvenir cher à l'imagination romantique, et, en retour vers l'occident, la rue Basse-des-Ursins, puis, plus à l'ouest, ce sont les rues Haute-des-Ursins, de Glatigny, du Haut-Moulin comprises dans la partie nord-ouest de l'Hôtel-Dieu actuel, qui a également absorbé, vers le sud, les rues des Marmousets, de la Licorne et des Trois-Canettes.

II

Saint-Germain-l'Auxerrois, le Louvre et les Tuileries

La place du Châtelet, qui porte en son milieu la fontaine du Palmier, et au fond de laquelle s'aperçoit le restaurant du Veau-qui-tette, se détache dans un cadre de rues vraiment romantiques, telle celle de la Vieille-Lanterne située sur l'emplacement de la scène du théâtre Sarah-Bernhardt et où se pendit, en janvier 1855, le malheureux Gérard de Nerval. Vous la voyez, cette rue, à l'aspect sinistre, avec la grille de l'égout, l'escalier aux marches calleuses et la coulée de lumière qui tombe du ciel sur lequel se projette « la Renommée d'or de la fontaine comme un vague symbole de gloire ».

Toute voisine, se dresse la Tour Saint-Jacques qu'environne le Marché des Fripiers construit à l'endroit où s'élevait l'église Saint-Jacques démolie en 1798. Puis, par l'antique rue Saint-Germain-l'Auxerrois, nous nous acheminons vers cette dernière église, en laissant à notre gauche la place des Trois-Maries, que continue pour ainsi dire en ligne droite le Pont-Neuf. Le voici, le vieux pont cher aux Parisiens des xviie et xviiie siècles; il s'offre à nous à son débouché sur la rive droite, en une lithographie accompagnée d'une eau-forte postérieure qu'il est curieux de comparer ensemble. La lithographie nous le montre un soir du rigoureux hiver de 1830, à quatre heures, avec la perspective des toits couverts de neige, plein de l'animation des voitures et tout bordé de gens qui passent emmitouflés devant les petites boutiques en tourelles.

Le quai de l'École mène du Pont-Neuf à la Pompe dont une planche de Bacler d'Albe évoque les pittoresques abords. Depuis la Pompe, gagnons la place Saint-Germain-l'Auxerrois, non moins pittoresquement rendue à nos yeux par V. Adam, vers 1833. L'église nous apparaît ensuite avec sa façade et aussi son côté septentrional au long de la rue Chilpéric : elle a été témoin d'une partie des événements de juillet et s'est vue, à la suite de l'émeute de 1831, métamorphosée en mairie du IVe arrondissement. La partie méridionale du monument regarde la rue des Prêtres-Saint-Germain-l'Auxerrois où se trouvait, en face de l'église, le fameux café Momus.

Nous avons atteint le Louvre et les Tuileries qu'un très intéressant panorama, pris du pavillon de Flore vers 1827, étale à nos regards. Regardez tout particulièrement l'îlot de maisons qui obstruait la place du Carrousel. « La rue et l'impasse du Doyenné, voilà, dit Balzac, les seules voies intérieures de ce pâté sombre et désert. » Ces maisons, poursuit-il, « ont pour ceinture un marais du côté de la rue de Richelieu, un océan de pavés moutonnants du côté des Tuileries, des petits jardins, des baraques sinistres du côté des Galeries, et des steppes de pierres de taille et de démolitions du côté du vieux Louvre ». C'est là qu'habitent l'énigmatique cousine Bette et la sémillante Mme Marneffe, là que se tient le cénacle de Jeunes-France qu'illustrent Théophile Gautier, Célestin Nanteuil, Gérard de Nerval, etc. Les ruines de la chapelle du Doyenné « se découpaient gracieusement sur le vert des arbres, écrit ce dernier... Quelqu'un de nous se levait parfois et rêvait à des vers nouveaux... ». Mais on descendait de l'idéal pour aller goûter les réalités du petit cabaret abrité sous ces ruines. Les écuries du roi (ancien hôtel de Longueville), l'hôtel de Nantes, se trouvaient en ces lieux. A l'occident, la promenade mondaine des Tuileries offre, dans une planche de Delarue, de 1827, ses ombrages à une foule nombreuse.

III

Le Palais-Royal et la Bourse

Les grandes percées de l'avenue de l'Opéra et de la rue du Quatre-Septembre ne sont pas encore venu bouleverser cette partie de Paris.

La butte des Moulins offre un dédale de petites rues : rue de l'Evêque, rue d'Argentéuil, rue de l'Anglade, rue des Orties. Dans un vaste hangar, entre la rue Feydeau et la rue Notre-Dame-des-Victoires, se tient provisoirement la Bourse, en attendant l'achèvement du monument actuel commencé par Brongniart. C'est là que les Mongenod, les Nucingen, les Du Tillet brassent des affaires monstres, pendant que, dans les coins, les Claparon, les Gigonnet et autres Gobseck préparent leurs mauvais coups ; en 1826, tous émigrent dans la nouvelle Bourse.

Les deux corps de bâtiments affectés aujourd'hui à la Banque de France sont, en 1830, occupés, place Ventadour, par l'Opéra-Comique et, rue Croix des Petits-Champs, par la Caisse d'épargne et de prévoyance de Paris. A côté de la Salle Ventadour, rue Monsigny, s'élève le petit théâtre de prestidigitation de Monsieur Comte, aujourd'hui les Bouffes-Parisiens.

Rue Notre-Dame-des-Victoires, au n° 28 actuel, s'ouvre la longue cour des Messageries royales d'où partent, pour tous les coins de la France, les lourdes diligences. Place des Victoires, à l'angle de la rue des Fossés-Montmartre (aujourd'hui d'Aboukir), le café de la Banque de France réunit un certain nombre d'habitués et concurrence Véfour, Véry et les Frères provençaux au Palais-Royal.

Un amateur, ayant fait ses délices pendant huit ans des galeries du Palais-Royal et qu'une série de malheurs avait forcé de se réfugier au pied des Pyrénées, interrogé un jour par un passant qui lui demandait où conduisait la route qu'il suivait, répondit naïvement : « Au Palais-Royal ». Jusque vers 1830, en effet, le Palais-Royal, depuis la fin du XVIII° siècle, n'a cessé d'être le rendez-vous de tous les Parisiens, comme de tous les étrangers de passage à Paris : on partait pour faire le tour de l'univers et on se retrouvait à la Rotonde. Mais à dater du règne de Louis-Philippe, le Palais-Royal commence à perdre de son animation. La démolition des ignobles galeries de bois et leur remplacement par la galerie vitrée lui portent un coup fatal. La brillante lumière du gaz a fait fuir des arcades trop claires les filles galantes, qui se trouvaient bien, pour leur commerce, de l'éclairage fumeux des quinquets et des recoins d'ombre ménagés dans les baraquements. Qu'est devenue la boutique de Dauriat, où se glissait timidement Lucien de Rubempré, son manuscrit des « Marguerites » sous le bras ? Maintenant c'est un des plus beaux magasins de la galerie d'Orléans, qui rivalise avec celui d'Aubert, passage Véro-Dodat. Les tripots attirent toujours du monde, mais, en 1836, on les ferme, y compris le grand 113 auprès duquel on entendait trop souvent le coup de pistolet du joueur malheureux se faisant sauter la tête. Cette fermeture des académies de jeux amène l'abandon définitif des galeries et le Parisien inconstant porte ses pas vers le boulevard.

IV

Les Halles

La construction des Halles centrales modernes, le percement des rues du Pont-Neuf, Turbigo et Etienne-Marcel ont transformé complètement le quartier Saint-Eustache et celui des Marchés. Il suffit, pour s'en rendre compte, de jeter les yeux sur la vue panoramique de ces quartiers, dessinée vers 1830 par Chapuy: on y voit le Marché des Innocents groupé autour de la fontaine, les anciennes boutiques des Halles et les rues étroites qui en faisaient le prolongement.

Certaines de ces rues étaient bordées de maisons soutenues par des piliers; telle était la rue de la Tonnellerie, dont une photographie montre le curieux aspect, dans la partie sise entre la rue Saint-Honoré et l'ancienne rue du Contrat-Social. Nous voyons, proches, la rue de la Lingerie, la rue de la Poterie et les bâtiments de la Halle aux draps démolie vers 1860, ainsi que la rue des Fourreurs (comprise dans le percement de la rue des Halles) et la place Sainte-Opportune, qui est représentée vue de la rue des Fourreurs et de la rue de la Tabletterie.

La rue de Turbigo traverse l'ancien carrefour de la pointe Saint-Eustache, que nous apercevons du côté de la rue Montorgueil. Au pied de l'élégante église se tenait le Marché des Prouvaires, sur l'emplacement actuel des pavillons de la viande et des volailles. C'est de l'ancien carreau des Halles que cette vue de la rue Pirouette a été prise, et, souvenir des carrefours populeux, voilà celui du Puits d'Amour à l'angle des rues de la Grande et de la Petite Truanderie. Ces voies anciennes sont pleines de souvenirs romantiques : la rue Tirechappe, disparue dans le percement de la rue du Pont-Neuf, portait le nom d'un ancien fief, dont le sombre archidiacre Claude Frollo était propriétaire;

c'est dans la rue des Deux-Ecus que Balzac loge
« l'illustre Gaudissart »; le « Père Goriot » tenait boutique dans la rue de la Jussienne; enfin Béranger,
gamin de Paris, allait à l'école dans l'impasse de la
Bouteille, qu'a fait disparaitre la rue Etienne-Marcel.

La partie voisine de l'Hôtel des Postes est couverte
aujourd'hui d'immeubles modernes. La Halle-au-Blé
est devenue la Bourse du Commerce et la rue d'Orléans-
Saint-Honoré a pris le nom d'un historien de Paris,
Sauval. Enfin, les ventes mobilières se sont éloignées
de l'Hôtel Bullion, situé sur l'emplacement du n° 49 de
la rue Jean-Jacques-Rousseau et où elles se tenaient
alors.

Quelques scènes populaires s'ajoutent aux documents
topographiques pour définitivement fixer le caractère
de ce coin de Paris : tels sont le grand dessin, attribué
à Marlet et qui représente le Marché des Innocents, une
vue de la place où ce Marché se tenait, enfin une scène
de la Halle dessinée par Pauquet et gravée par Latreille.

V

L'Arsenal et le Marais

Peu de parties de Paris avaient mieux gardé leur phy
sionomie propre que le Marais, groupé autour de la place
des Vosges, où s'élève encore la maison de Victor Hugo
transformée en musée.

Que de souvenirs dans ces logis du temps passé !

Ici, rue de Normandie, logeaient en commun le cousin Pons et son vieil ami Schmucke, là, dans la rue de
l'Homme-Armé, Jean Valjean habitait sous le nom de
Fauchelevent. Spécimen des curieuses enseignes d'autrefois, s'offre à nous celle du « Bon Puits », rue
Michel-le-Comte : peut-être chantait-on dans ce cabaret
les chansons de Béranger, qui mourut à l'hôtel Berge-
ret de Trouville, 3-5 de l'actuelle rue Béranger.

Il faudrait également s'arrêter à chaque maison de notre quartier des Archives : au n° 42 de la rue des Archives, c'est le cloître des Billettes, dont les fines arcades
remontent au xv° siècle ; au n° 58, l'hôtel de Soubise,
dont l'hémicycle de l'entrée était alors garni d'échoppes;
en face, le Mont-de-Piété. Le n° 62 de la rue Beaubourg
correspond à l'ancien n° 12 de la rue Transnonain,
ensanglantée lors des émeutes des 13 et 14 avril 1834.
Cette maison curieuse de la rue Taillepain a vu, aux
mêmes dates, se livrer à ses pieds, des combats acharnés.
Puis, dans le Cloître-Saint-Merri, c'est l'ancien Tribu-
nal de Commerce, au pittoresque escalier, où les juges
consuls siégèrent jusqu'en 1826. Au coin d'une rue,
s'aperçoit la silhouette de la tour Saint-Jacques; quelques pas plus loin, c'est l'Hôtel de Ville et la place de
Grève, représentées en 1830 par Civeton.

Dans le voisinage, voici la rue Grenier-sur-l'Eau, d'après un dessin de Varin, et l'hôtel de Graville, dit aussi hôtel des Prévôts, offrant sa façade nord, démolie en 1892 et dont viennent de disparaître, ces jours-ci, les derniers vestiges. Les entrées de la Grande et de la Petite Force remettent en mémoire cette prison qui s'étendait entre les rues Pavée, du Roi-de-Sicile et des Balets. Parmi les vieux logis de ces parages, citons l'hôtel de la Vieuville, 4, rue Saint-Paul, encore existant, l'hôtel d'Aubray, au n° 12 de la rue Charles V, l'hôtel de Mayenne, 21, rue Saint-Antoine, aujourd'hui l'école des Francs-Bourgeois, l'hôtel de Lesdiguières disparu, qui s'élevait à l'emplacement du n° 10 de la rue de la Cerisaie et où le czar Pierre-le-Grand logea en 1717, les bâtiments et les curieuses caves de l'abbaye de Barbeau, à l'endroit du moderne marché de l'Ave-Maria, enfin la maison de la Vieille-Souche située à l'angle de la rue de Lesdiguières et de l'ancienne cour de l'Orme.

La vue de l'Arsenal, prise du côté du petit bras de Seine qui le séparait de l'île Louviers, et celle du pavillon habité par Charles Nodier, complètent la physionomie de ces lieux, avec une curieuse vue de la place de la Bastille, où, à côté de la colonne de Juillet, on aperçoit l'Éléphant et la cour de la Juiverie, cette dernière sur l'emplacement de la gare de Vincennes.

VI

La Seine et ses bords

La traversée de la Seine, dans Paris, a de tous temps inspiré les artistes ; aussi les documents ne font-ils pas défaut à l'époque dont nous nous occupons. Ce sont, en remontant le cours du fleuve, une vue prise du pont des Invalides sur les Champs-Élysées, les palais du quai d'Orsay et le pont de la Concorde ; remarquons, en passant, les statues qui garnissent ce dernier; à notre gauche, la terrasse des Tuileries et les bâtiments du Louvre. En face, le Pont-Royal dresse ses piles massives, tandis qu'à ses pieds, le bateau à vapeur *La Parisienne* quitte en sifflant son embarcadère. La Seine, assez large en cet endroit, est propice aux fêtes nautiques ; une estampe anglaise représente « le pousser dans l'eau », amusement des Parisiens, en même temps que nous voyons la figuration d'autres joutes organisées pour l'anniversaire de la Révolution de juillet. Du pont des Saints-Pères, appelé aussi pont du Carrousel, nous passons au Pont-des-Arts près duquel un abreuvoir présente une animation toute particulière. Le Louvre, la Monnaie et le Pont-des-Arts se retrouvent dans une vue prise du terre-plein du Pont-Neuf, où se rejoignent

les deux bras de la Seine qui entourent la Cité. Voici
le quai Malaquais en 1835, puis, sur la rive droite, les
Cagnards du quai de Gesvres, enfin le Pont-Notre-
Dame, son « arche du diable », et sa pompe bâtie sur
pilotis et dominée par une lourde tour carrée. Le che-
vet de Notre-Dame, pris en plein jour du pont de la
Tournelle, est également représenté, vu de la rive
gauche, au clair de lune. La Grève est un endroit particulièrement fréquenté ; de nombreux chalands y atter-
rissent et le Port-au-blé occasionne un trafic considé-
rable ; par les hivers rigoureux, comme celui de 1830,
les traîneurs et les patineurs remplacent les bateaux
sur le fleuve endormi. Les quais de l'île Saint-Louis,
alignant leurs balcons ouvragés, sont reliés aux deux
rives par les ponts Marie et de la Tournelle ; une
gravure représente ce dernier, vu de l'île Louviers,
où l'on décharge de nombreux bateaux de bois, venus
de l'Yonne et de la Nièvre. Enfin, une estampe d'Hirget
nous retrace le panorama de Paris pris du Pont d'Austerlitz, au soleil couchant.

VII

Saint-Germain-des-Prés

Saint-Germain-des-Prés et son faubourg sont ici
représentés presque exclusivement par une série de
photographies d'aspects qu'avait cette partie de Paris
au temps des Romantiques. Défilent successivement
sous nos yeux le carrefour Gozlin, le « carrefour de la
rue du Four-Saint Germain », îlot de maisons au-dessus
duquel s'élève, dominatrice, la tour de la vieille église
abbatiale, dont nous nous rapprochons, car nous voici
sur la place Saint-Germain et dans la rue Childebert,
décorée d'une fontaine qui orne actuellement le square
Monge. Le Palais abbatial dresse sa masse imposante
sur cette photographie, tandis que cette autre nous
montre la rue et l'enseigne des Canettes. A l'ouest,
c'est l'hôtel de la comtesse de Verrue, siège du Conseil
de Guerre, au n° 37 de la rue du Cherche-Midi et, le
long de la rue de Sèvres, aux n° 25 et 27, le couvent
des Hospitalières de Saint-Thomas-de-Villeneuve avec
sa chapelle à la Vierge Noire, tandis qu'en face
l'Hospice des Ménages donne la curieuse physionomie
d'un coin du Paris d'alors. Plus loin, dans la même
rue, au n° 42, c'est l' « Hospice des Incurables femmes »,
aujourd'hui hôpital Laënnec. Un autre établissement
d'assistance est l'hôpital militaire du Gros-Caillou, rue
Saint-Dominique.

Et dans le pris d'un quartier qu'on peut presque
dénommer le Grand Béguinage de Paris, s'égrènent
ces sanctuaires de pensée humaine : la maison de
Chateaubriand, rue du Bac, 120, celle de Victor-

Hugo, rue Notre-Dame-des-Champs, 27, et celle de
Sainte-Beuve, rue du Montparnasse, 11.

VIII

Pays latin : quartiers de l'École-de-Médecine et du Luxembourg

Le quartier alors appelé de l'École-de-Médecine
n'est pas la partie la plus bruyante du pays latin. Les
étudiants qui viennent se loger dans les rues Hautefeuille, du Jardinet, de l'École-de-Médecine, sont des
travailleurs endurcis qui pâlissent jour et nuit sur
leurs livres, comme d'Arthez et ses amis. Ils ont pour
voisins des artistes, des hommes de lettres. David a
son atelier rue des Fossés-Saint-Germain-des-Prés.

Sur le qua. des Grands-Augustins, le marché de la
volaille, dit de la Vallée, rappelle le souvenir de la
Vallée de Misère proche du Châtelet et où il se tenait
autrefois. Une partie de sa charpente en subsiste
encore aujourd'hui.

Rue de l'Ancienne-Comédie règne déjà un peu plus
d'animation. Des chansons et des cris jaillissent en
fusées des fenêtres fleuries du restaurant Dagneaux.
C'est aujourd'hui l'ouverture du pâté monstre qu'on a
pu admirer pendant quelque temps à la devanture du
fameux traiteur. Une bande joyeuse sort de l'établissement, passe sous les arcades qui flanquent de chaque
côté le théâtre de l'Odéon et entre au Luxembourg. Là
le groupe se disloque : les uns vont à Bobino, autrement dit le théâtre du Luxembourg, au coin de la rue
Madame et de la rue de Fleurus ; les autres traversent
la Pépinière et montent au bal de la Grande Chaumière : « Danser le cancan, avoir sa redingote chez ma
« tante, et cent sous dans sa poche, voilà le bonheur,
« le vrai bonheur, le parfait bonheur ». Et n'allez pas
démentir ce grand jeune homme qui pirouette avec
entrain sous l'œil ravi de Mimi Pinson. Vous vous
feriez faire un mauvais parti. Pour un rien les coups
de poing pleuvent, mais les querelles ne sont pas longues. Un tour de montagnes russes et personne n'y
pense plus. Cependant quelques fumeurs arpentent en
philosophant les allées du Luxembourg et montent
jusqu'à l'Observatoire, composant quelque drame en
cinq actes, écrasant de leur mépris les chefs-d'œuvre
classiques, ou rêvant de fonder une société nouvelle.

IX

Pays latin : Montagne Sainte-Geneviève

L'autre partie du pays latin qui s'étage sur les pentes
de la Montagne Sainte-Geneviève présente un aspect

différent. Des ruelles tortueuses et sombres serpentent de tous côtés ; telles, la rue Traversine, la rue de la Montagne-Sainte-Geneviève sa voisine, les rues Clopin, Laplace, Daubenton et Lacépède. La rue des Noyers, où naquit Alfred de Musset au n° 57, a été en partie éventrée par le percement du boulevard Saint-Germain. A regarder le carrefour Saint-Hilaire ou la place Saint-Victor avec son modeste clocher et ses rares passants, à voir les maisons à encorbellement de la rue des Grès, que nous montre une précieuse épreuve de Méryon, on se croirait en quelque lointaine sous-préfecture ; et si les vieilles maisons, situées au commencement du quai Saint-Michel n'ont guère changé d'aspect aujourd'hui, il n'en est pas de même de la rue des Postes et de la rue de la Clef ; également la démolition de l'ancien Marché-aux-veaux a modifié la physionomie du quartier.

Les couvents et églises s'échelonnaient sur les flancs de la Montagne ; la plupart ont disparu depuis cette époque. Il ne reste plus rien de l'église Saint-Benoit, située au coin des rues Saint-Jacques et des Ecoles et transformée, de 1832 à 1845, en théâtre du Panthéon. Le couvent des Jacobins, rue Saint-Jacques, a été détruit, comme la vieille église Saint-Jean-de-Latran. De même, il ne subsiste que le souvenir de l'ancienne église des Mathurins.

Seuls, le Panthéon, l'église Saint-Etienne-du-Mont et la Tour Clovis ont survécu, mais leurs alentours ont bien changé : plus de bateleurs ni de carrosses sur la place du Panthéon, plus de ces anciennes demeures qu'on voit encore sur une estampe.

Les collèges et les écoles se sont transformés : la Sorbonne, Sainte-Barbe, Louis-le-Grand, l'Ecole de pharmacie. Disparues également les tables d'hôte, décrites par Balzac, et que Traviès nous remémore d'un crayon ironique. Plusieurs des futurs hommes politiques, ainsi que des littérateurs et folliculaires en herbe qui les fréquentaient, durent se retrouver à Sainte-Pélagie, ici rappelée par une photographie.

Quelques vues fixent la physionomie du Jardin des Plantes à cette époque : la perspective centrale, dessinée par Jacottet ; la foule endimanchée regardant la girafe ; enfin un plan colorié du Jardin du roi, dressé en 1828.

X

Lettres et Arts

De Victor Hugo, le premier portrait gravé, très rare, est exposé ici, à côté de celui dû à Devéria et daté de 1829, le temps de la pleine lutte romantique. Ces portraits voisinent avec des scènes illustrées du théâtre du maître par V. Adam, une pièce de Grandville rappelant la fameuse bataille d'*Hernani*, dont voici l'édition originale (1830) munie de la griffe de ralliement : *Hierro*.

Les disciples suivent le maître sur le *Grand chemin de la postérité;* derrière eux, Scribe et ses collaborateurs, les critiques du temps et, perdu dans les nuages, Lamartine livré à ses *Méditations*.

Lamartine, Alfred de Vigny, Alexandre Dumas sont représentés par des portraits de Devéria; des scènes illustrées rappellent le théâtre de l'auteur d'*Henri III et sa Cour*. Les *Contes d'Espagne et d'Italie*, la *Confession d'un enfant du siècle*, en éditions originales, sont là, proches d'un portrait d'Alfred de Musset.

L'auteur de la *Comédie humaine* a son portrait par L. Boulanger, escorté d'un exemplaire du rarissime *Opuscule sur la statue équestre de Henri IV, par M. Balzac, membre du collège électoral du département d'Indre-et-Loire*, de sa lettre de décès (18 août 1850) et d'une vue de la maison qu'il habitait rue Cassini. D'autres maisons, illustres au même titre, sont celle de Chateaubriand, 92, rue Denfert-Rochereau, dénommée infirmerie de Marie-Thérèse, en l'honneur de la duchesse d'Angoulême, et celle de Béranger, 21, rue des Martyrs, également habitée par Manuel et Géricault.

Un portrait de Charles Nodier, avec sa lettre de décès, un autre, de Mᵐᵉ Menessier-Nodier, d'un art achevé, par Devéria, marquent le souvenir du Salon de l'Arsenal.

La place des artistes est indiquée par diverses pièces. La reproduction d'un tableau d'Horace Vernet, exposé au Salon de 1822, nous montre le maître faisant des armes, dans son atelier, avec un de ses élèves, au milieu d'une société bruyante et pittoresque. Voici la maison où il habita, 56, rue Saint-Lazare, ainsi que Paul Delaroche, dont nous voyons le portrait par Gigoux. Cette autre maison, dont le jardin touffu est éclairé par le plus romantique des clairs de lune, est celle où mourut Girodet, 53, rue Neuve-Saint-Augustin. Signalons aussi les portraits de Gavarni, de Tony et Alfred Johannot et une jolie vue du Salon de 1834. Enfin mentionnons à part, en raison de son grand intérêt, l' « Album grotesque de Cicéri ». Jal, qui nous le présente dans *Paris ou le Livre des Cent-et-un* (t. I.), le montre rempli de « vives croquades ». Les habitués du salon de Cicéri posèrent devant Isabey père, Horace et Carle Vernet, Cicéri lui-même, « et laissèrent sur des feuillets de l'album la trace plaisante de leurs figures ».

Cette partie de l'Exposition se complète par deux petits panneaux de photographies, consacrés l'un à la maison mortuaire de Balzac, 12, rue Balzac, l'autre à l'Abbaye-aux-Bois.

X

Faits divers

Plusieurs événements sont intimement liés à la vie de Paris, pendant le règne de Louis-Philippe, car ils ont, à des titres différents, passionné l'opinion publique ; tels sont l'affaire de la rue Transnonain, l'attentat Fieschi, le retour des cendres de Napoléon et la mort du duc d'Orléans.

Le quartier Saint-Merri, ensanglanté en 1832, par les combats que Victor Hugo rappelle dans les *Misérables*, est le théâtre d'une nouvelle lutte, les 13 et 14 avril 1834. Les soldats envahissent une maison de la rue Transnonain et massacrent tous ceux qu'ils y trouvent. Un saisissant Daumier évoque le souvenir de ce drame.

L'année suivante, nouveau drame. Le 28 juillet 1835, Paris célébrait l'anniversaire des « Trois glorieuses ». Louis-Philippe passait en revue 40.000 gardes nationaux rangés en haies depuis la Madeleine jusqu'à la Bastille. Il venait de s'engager sur le boulevard du Temple, quand une détonation partit du troisième étage d'une maison de ce boulevard. Derrière la mansarde carrée que montrent nos gravures, on trouva vingt-quatre canons de fusils, disposés comme des tuyaux d'orgue sur une forte charpente et mis en communication par une traînée de poudre (voir le croquis sur la gravure de gauche). Les auteurs de cet attentat ont été dessinés par Daumier à la Cour des pairs : ce sont le Corse Fieschi, âgé de 45 ans ; un bourrelier, Morey ; un épicier du faubourg Saint-Antoine, Pépin ; un ouvrier, Boireau, qui n'eut qu'un rôle secondaire. Paris fit aux victimes de somptueuses funérailles, ainsi qu'on en peut juger par un panorama de ces obsèques, ouvert au passage des chars du général de Vérigny et du maréchal Mortier, suivis par les grands dignitaires de l'État.

Le retour des cendres de Napoléon se fit en grande solennité. Parti de Cherbourg le 8 décembre 1840, le funèbre convoi fit son entrée, le 15, dans Paris, par l'Arc de l'Étoile et par les Champs-Elysées. En un panorama exposé se déroule la pompe du cortège qu'on aperçoit sur le pont de la Concorde et devant la Chambre des députés.

Le 13 juillet 1842, le duc d'Orléans se rendait auprès du roi, quand il fut victime d'un accident mortel, les chevaux de sa voiture s'étant emballés près de la porte Maillot, sur le chemin de la Révolte. Le 30 juillet, le corps fut transporté à Notre-Dame, où les obsèques furent célébrées solennellement. Une gravure en couleurs représente l'arrivée du cortège sur le Parvis.

XI

La Mode

Le costume est peut-être ce qui caractérise le mieux à nos yeux l'époque romantique. Il nous est impossible d'évoquer telle ou telle personnalité de cette époque, autrement habillée qu'elle ne l'était. Conçoit-on une Mme de Staël sans turban, un Lamartine sans cravate à double tour, un Théophile Gautier sans gilet rouge ?

Grâce aux journaux de modes, on peut suivre, presque année par année, les transformations successives de la parure masculine et féminine. De 1820 à 1840, on voit les jupes, d'un dessin d'abord un peu chargé, coupées de biais ou de bouffants, s'alléger peu à peu, se débarrasser des superfluités qui les alourdissent. Au turban de gaze orné d'épis d'or succède le chapeau garni de marabouts, le petit bonnet à barbes dénouées, la capote de satin ou de crêpe. Des nœuds de ruban dans les cheveux donnent aux jeunes filles une grâce piquante. A leur cou elles attachent des cravates en pou de soie ; autour d'elles elles laissent flotter les deux extrémités de leurs écharpes de blonde.

Mil huit cent trente ! C'est l'époque des travestis, des bals de l'Opéra. Chaque carnaval, les couturières et les modistes s'évertuent à trouver de nouvelles combinaisons. Les dandys sont consultés dans ces graves circonstances pour baptiser d'un nom ronflant la création du jour : « Une couleur nouvelle ?... Dam !... Flamme Raga ? Sang Polonais ?... »

A proportion, le costume masculin a moins varié pendant cette période que la parure de la femme. Le gandin de 1825 est très voisin du fashionable de 1840 : c'est le même pantalon demi-collant, de satin de coton, de casimir ou de nankin, c'est le même habit pincé à la taille, c'est aussi le même chapeau haut de forme. Ce qui le distingue, ce sont des nuances dans la coupe ou dans la couleur. Mais ces distinctions n'existent-elles pas de tout temps entre le véritable élégant et le prétentieux de mauvais goût ? Qu'il y a loin de ce dandy ridicule que Grandville nous montre coquetant avec des ouvrières et de ce chasseur grotesquement accoutré, à l'homme du monde habillé par Humann ou au délicieux interlocuteur de cette jeune fille en rose qui tient un livre de poésies !

D'ailleurs, l'homme du monde doit avoir presque autant d'habits qu'il y a d'heures dans la journée et la toilette qu'il met le matin pour aller au Bois ne doit pas être celle de l'après-midi aux Tuileries, aux Champs-Elysées ou au Boulevard. N'a-t-il pas cent façons diverses de nouer sa longue cravate de soie ou de mousseline : à l'anglaise, à l'orientale, à la sentimentale, au trône d'amour ? Tout ce qu'il porte, tout ce qu'il emploie, doit sortir de chez le bon faiseur. Sa robe de chambre brochée et doublée de rouge vient des ateliers de Humann, 21, rue des Petits-Champs et ne serait pas désavouée par le raffiné de Marsay que Balzac nous montre passant deux heures à sa toilette. Sa calèche est signée Ehrler, 7, rue d'Astorg, ou Binder, 56, rue d'Anjou-Saint-Honoré. Quant à la pomme d'or de sa canne, elle a été ciselée par Verdier, d'abord au 95, puis au 102 de la rue de Richelieu, le même qui vendit à Marie-Gaston la fatale cravache qui devait détourner les soupçons de sa femme, l'ex-baronne de Macumer. (*Mém. de deux jeunes mariées*, p. 181).

XII

Le Monde

Suivant le rang qu'ils occupent dans le monde, élégants et élégantes passent diversement la soirée. Alors que dans les salons de la Chaussée-d'Antin les « virtuosi » ravissent les « dilettanti », que la « walse » et la « galope » font tourbillonner les couples sur les parquets cirés, dans le quartier du Marais, ce sont les petits jeux innocents, les jeux de société qui sont en faveur. On joue à la main chaude, ou encore à la sybille, autour de la table de famille, tandis que, dans un coin, deux jeunes gens s'isolent pour regarder le phenakisticop, sorte d'écran mécanique analogue à ceux que vendait le papetier Susse, 7 et 8, passage des Panoramas. Les habitués de ces soirées intimes, on les retrouve à ce mariage bourgeois, résumé en cinq petites scènes, où le jeune homme fait sa déclaration : « Mes intentions sont pures » et où le père l'accueille en lui disant : « Vous avez l'entrée de la maison ».

Mais il est des endroits où bourgeois et mondains se rencontrent. C'est aux magasins à la mode, comme sont en 1843 les magasins de la Ville de Paris, 174, rue Montmartre, précurseurs de nos grands magasins actuels. C'est surtout à la terrasse des Feuillants, où vont jouer les enfants et où les belles promeneuses viennent montrer leurs toilettes, de deux heures à quatre heures, pendant que leurs équipages attendent, rangés en double ligne le long de la grille des Tuileries. La Paul de Manerville et Henri de Marsay viennent échanger des œillades avec Paquita Valdès, la fille aux yeux d'or, cependant que deux « petites demoiselles parties de la même jambe » forment le « berceau » en sautant à la corde.

Au Palais-Royal enfin, il y a la promenade dans le jardin et sous les galeries. Une vue perspective formée de panneaux ingénieusement découpés et échelonnés comme les décors d'un théâtre en donne une idée très vivante, en même temps qu'elle évoque les vues d'optique si en vogue dans la première moitié du xixᵉ siècle.

XIII

Les Boulevards

Au xvii° siècle, les Parisiens se rencontraient sur le Pont-Neuf ; à la fin du xviii°, c'était au Palais-Royal ; à l'époque romantique, ils adoptent, on ne sait pourquoi, une certaine fraction de nos grands boulevards : le boulevard des Italiens et le début du boulevard Montmartre.

Autour de la Madeleine, longtemps inachevée, dont les colonnes se dressent inutilement dans le vide, l'animation est insignifiante. La spéculation s'est jetée sur les terrains avoisinants, et si quelques malheureux, comme le parfumeur César Birotteau y ont laissé leurs capitaux, beaucoup y ont fait fortune. Des hôtels cossus se sont construits, mais les rues restent calmes.

Passé le boulevard des Capucines, la physionomie du quartier change du tout au tout. Les princes de la finance ont jeté leur dévolu sur la Chaussée d'Antin et les voies adjacentes pour y faire bâtir de petits palais. Là les Nucingen, les Du Tillet donnent des fêtes superbes. Les équipages stationnent à toute heure dans ces parages. A côté, sur le « boulevart », c'est un défilé ininterrompu de cavaliers et de voitures. Devant le café de Paris et Tortoni qui lui fait pendant de l'autre côté de la rue Taitbout, c'est une cohue. Les calèches s'y arrêtent et les élégantes qu'elles transportent se font servir, sans descendre, des glaces et des sorbets, pendant que de bouquetières et des petits marchands les harcèlent de leurs offres.

Gandins, pschutteux, fashionables, gommeux, circulent sur les trottoirs ou plutôt sur ce qui en tient lieu, car rien ne sépare la chaussée des contre-allées, si ce n'est quelques bornes, çà et là, un ruisseau et les arbres. Des musiciens italiens, avec deux harpes et une guitare, improvisent un concert devant les Bains Chinois, édifice bizarre, orné sur sa façade de deux obélisques, au coin de la rue de La Michodière. Un dandy se carre sur trois chaises ; son tigre Toby, Joby, Paddy l'attend les bras croisés, adossé à une borne plus grosse que lui. Là Maxime de Trailles, mâchonnant son cure-dent, guette au passage La Palférine, le jeune prince de la Bohème.

Le « boulevart » appelé Coblentz entre la rue du Helder et la rue Taitbout, encore boulevard de Gand, d'où le nom de gandins, ou boulevard des Bains Chinois, a pris son nom définitif de boulevard des Italiens, du théâtre royal italien établi place Favart sur l'emplacement de l'Opéra-Comique actuel. Chose curieuse, c'est le côté nord qui accapare toute l'animation. Le café de Paris, Tortoni, la Maison Dorée forment une ligne ininterrompue. De l'autre côté, on ne trouve guère qu'un seul établissement du même genre, le café du Grand Balcon entre les rues Favart et Marivaux, car le pavillon de Hanovre n'est plus occupé.

que par des commerçants. Cette particularité explique pourquoi le panorama du côté nord des boulevards, dressé vers 1840, n'a pas eu de pendant pour le côté sud.

En face du café du Grand Balcon s'ouvre la rue Le Peletier, où, à la hauteur du n° 6 actuel, se trouve le théâtre de l'Opéra. La façade n'en est guère monumentale, mais on en vante l'ordonnance et le bon goût. Depuis le 16 août 1821, date de son inauguration, les représentations y sont très suivies. Les assidus y continuent le soir dans les loges, la conversation interrompue l'après-midi dans les salons ou aux Champs-Elysées. Au foyer, les artistes, les mondains, les Canalis, les Nathan, les Rastignac, font cercle autour de Tullia ou de la Torpille, à moins que ce ne soit, pas plus vivante, mais plus réelle, la belle Fanny Elssler, qui provoque les hommages d'Alfred de Musset. Mais voici le carnaval. Le docteur Véron abandonne son théâtre aux masques et aux travestis. C'est le bal et ses folies. Bixiou, l'œil vif et inquisiteur, lance un trait mordant à un domino dont la silhouette ne lui est pas inconnue. Plus loin, une intrigue s'ébauche qui se dénouera, à deux pas, dans un cabinet particulier, chez Pétron, et l'on quitte le boulevard des Italiens, souvent appelé à cette extrémité boulevard de l'Opéra, pour pénétrer sur le boulevard Montmartre.

Désormais il faut passer vite. Un dandy vraiment digne de ce nom ne s'aventure guère au delà des Variétés. La Porte Saint-Denis, la Porte Saint-Martin, ce sont des pays lointains où l'élégance ne va pas se commettre, si ce n'est pour accompagner, de loin en loin, Margot au mélodrame qui la fait pleurer.

Au théâtre de la Porte Saint-Martin, à celui de l'Ambigu-Comique qui l'avoisine, ce sont les mélodrames, les pièces populaires que l'on joue chaque soir. L'ouvrier fait queue pour entendre dix actes dans sa soirée et, « pour se préparer l'estomac », s'offre un verre de coco de « Champagne grand mousseux ».

Ceux qui n'ont pas les cinquante centimes nécessaires pour être admis au quatrième amphithéâtre, se contentent des parades et des tours de passe-passe que les bateleurs et joueurs de gobelets exécutent sur la place du Château-d'Eau, actuellement place de la République.

Boulevard du Temple, on remarque, en face de la ligne des théâtres, un établissement renommé : le café Turc, dont le jardin est un lieu de rendez-vous pour les familles. A la Bastille enfin se dresse depuis 1814, au bord du canal, un éléphant monumental de quarante pieds de haut, fait en charpente et en plâtre, maquette d'une fontaine qui ne fut jamais édifiée. C'est dans cet éléphant ainsi abandonné, que Gavroche a élu domicile, et qu'il se défend contre la férocité des rats en s'entourant d'un grillage. En 1844, la maquette est encore debout, non loin de la colonne élevée à la mémoire des victimes de juillet 1830.

XIV

Le Théâtre

Le goût des spectacles est si répandu, vers 1830, que les salles ne désemplissent pas; de nouvelles se créent ou se transforment, s'ajoutant à une quinzaine de théâtres principaux, sans parler des théâtres secondaires des quartiers ou de la banlieue. La production dramatique ne dédaigne ni les cirques, ni les tréteaux, jadis consacrés aux prestidigitateurs.

Attirés de tous côtés, les spectateurs en ont pour leur argent; et, tandis que le Gymnase joue jusqu'à quatre pièces en une soirée, on passe du rire aux larmes, sans transition, au Cirque Olympique, à la Porte-Saint-Martin, à la Gaité. Le boulevard du Temple est particulièrement frequenté; il commence alors à la rue du Faubourg-du-Temple et traverse en diagonale la place actuelle de la République : là, sur un emplacement de quelques centaines de mètres, s'élèvent le Cirque, les Folies-Dramatiques, la Gaité, les Funambules, le Théâtre Saqui et le Petit Lazari.

Le premier qu'on rencontre à droite, en venant de la Bastille, est le Petit Lazari, situé (ainsi que ses voisins, le théâtre Saqui et les Funambules), en face du théâtre Déjazet actuel. Théâtre de marionnettes jusqu'en 1830, il devient, à cette date, le type du théâtre populaire; les entr'actes, ainsi qu'on peut s'en rendre compte, y sont tout particulièrement animés. Au théâtre des Acrobates, devenu le théâtre de Mme Saqui, on admire les entrechats et les jetés-battus de l'illustre danseuse de corde; en 1832, la salle est vendue au sieur Dorsay que mélodrames et comédies ne peuvent sauver de la cruelle faillite.

Puis c'est le théâtre des Funambules, représenté par le manuscrit original d'une parodie l'*Esméralda du Pont-aux-Choux* (1837); à côté un autographe de son fondateur Bertrand, par lequel ce dernier s'engage à fournir, pour la fête du roi (1er mai 1831) », une troupe de danseurs de corde, sauteurs, voltigeurs et équilibristes. » A ce théâtre, les spectateurs applaudissent le mime Deburau, et ses camarades, acteurs peu rétribués, si nous en croyons une caricature.

Vient ensuite le théâtre de la Gaité, brûlé et reconstruit en 1835, puis, après faillite du directeur, réouvert le 9 septembre 1837, comme le mentionne une pièce exposée. Plus loin, on rencontre le Cirque Olympique, création de Franconi, où les spectateurs viennent applaudir nos gloires nationales : on joue *le Drapeau*, *le Siège de Saragosse*, *la Mort de la Tour-d'Auvergne*, pièces à grand spectacle, avec musique militaire, défilé de troupes, fusillade et canonnade nourries.

Le public de ces théâtres excite souvent la verve des caricaturistes; les *Spectateurs attentifs* et une composition de F. Delarue, *le Paradis*, représentent ici ces documents humoristiques.

Après avoir franchi l'Ambigu-Comique, nous arrivons, en suivant les boulevards, à la Porte Saint-Martin, dont la faveur est due, non seulement à l'intelligence des directeurs et au talent d'acteurs tels que Frédérick Lemaitre, Bocage et Mme Dorval, mais encore à la variété du répertoire: sous la Restauration, ce sont des mélodrames, des comédies et des ballets qui rivalisent avec ceux de l'Opéra; sous la monarchie de juillet, triomphent les drames modernes de Victor Hugo ou d'Alexandre Dumas. Un dessin d'Alfred Johannot, qui représente une scène de *Marion Delorme*, voisine avec une vue du théâtre et un portrait de Mme Dorval, créatrice du rôle de Marion; à côté, Frédérick Lemaitre portant « la cape en dents de scie et les bas en spirale » de Don César de Bazan.

Ces productions romantiques inspirent au Vaudeville et aux Variétés de nombreuses parodies: *le Roi Pétaud et sa cour* remplace *Henri III et sa cour*; *Hernani* devient *Harnali ou la contrainte par cor*; on joue lo *Canon d'alarme ou les classiques et les romantiques*; on se moque des « pleurards à nacelles, des amants de la nuit, des lacs, des cascatelles ». C'est ce que rappelle, dans les vitrines, *Ruy-Blag*, parodie de *Ruy-Blas*, jouée dans une revue des Variétés. A côté, les acteurs de ce joyeux théâtre figurent sur le *Grand chemin de la postérité*, avec leurs camarades de l'Opéra-Comique et des Italiens.

Les cantatrices, applaudies dans les théâtres lyriques, se montrent ici, avec les portraits de Mlle Prévost, de Giulia Grisi et de la Malibran. Si la place a manqué pour rappeler les belles soirées de l'Opéra romantique, une planche du moins conserve le souvenir de la représentation des *Huguenots* à l'Opéra.

Dans un genre plus modeste, le public du Palais-Royal trouve l'interprète idéale en Mlle Déjazet ici représentée par un autographe, un recueil de ses costumes et son portrait finement exécuté par Léon Noel.

Nous sommes loin des traditions classiques, qui ne sont plus respectées qu'à la Comédie française et dans les déserts de l'Odéonie. On admire alors Mlle Mars, dans tout l'éclat de son talent, et un nouvel astre se lève au ciel de la tragédie: Rachel, qu'une caricature nous montre « écrasant ses rivales... triomphante, adulée, couronnée... ». D'autres planches et portraits rappellent le souvenir des deux Théâtres français, notamment une vue du foyer des acteurs à la Comédie, la façade de l'Odéon et une scène du *Paria*, joué à ce dernier théâtre.

Avant de terminer cette énumération, il convient de faire une place au Théâtre anglais. La Porte-Saint-Martin acclimate ce genre et, après l'échec de Shakespeare représenté avec le texte original, exhibe des mimes, sérieux ou comiques, venus de l'autre côté du détroit. On joue des traductions d'*Hamlet*, de *Macbeth*, du *Marchand de Venise*. Une très belle planche fixe les traits de la célèbre actrice Smithson, et, non loin, Devéria et Boulanger évoquent la scène du balcon dans *Roméo et Juliette*.

On voit que l'éclectisme des spectateurs trouve à se satisfaire amplement : ouvriers du faubourg, bourgeois du Marais, dandys ou lionnes ont, au bulletin quotidien des spectacles, de quoi répondre à leurs désirs. De nombreux documents se rapportent à ce public d'amateurs : outre les spectateurs démocratiques du boulevard du Temple, les élégants sont figurés par Gavarni dans la *Loge d'avant-scène* et les bourgeois par Delarue dans la *Première Loge d'un théâtre*. Enfin les mœurs des acteurs sont fidèlement retracées dans les *Cabaleurs* d'Henry Monnier et les *Actrices* de Gavarni.

XV

Les amusements de Paris

Le Carnaval était fêté avec enthousiasme. Pour le mardi gras de 1844, on dansait, à Paris ou hors barrières, dans 387 établissements publics. Le jour, le bœuf gras faisait sa triomphale promenade ; une estampe anglaise le montre sur le boulevard Montmartre, précédé d'un héraut jouant de la trompette et guidé par de jeunes sauvages, armés de massues. A côté, figure l'*Ordre et la marche du Père Goriot*, bœuf gras de 1845, qui, précurseur de l'entente cordiale, devait paraître, sous forme d'aloyau, à la table de la jeune reine Victoria.

Après avoir revêtu les travestis les plus fantaisistes, la foule assiégeait les restaurants et, de la fenêtre, interpellait les passants, comme le font ces masques, au restaurant Philippe, situé rue Montorgueil.

Puis, vers dix heures, des ifs lumineux annonçaient grand festival à l'Opéra, à l'Opéra-Comique ou à l'Ambigu sans parler des autres théâtres ; cinq à six mille danseurs se pressaient dans la première de ces salles. Mais le roi du bal était le fameux Musard, que les habitués portaient en triomphe et qui fonda un établissement rue Vivienne. Danser le quadrille des « Chaises cassées », recevoir ou donner des rendez-vous : rêve délicieux, qui finissait tristement au point du jour dans la bruine et la fange, comme le figure une curieuse estampe de Victor Adam ; il ne restait de ces heures de folie que les rencontres fortuites, évoquées par le crayon spirituel de Gavarni dans les *Souvenirs du Carnaval*.

On dansait d'ailleurs toute l'année. L'hiver, on allait au Prado, construit devant le Palais de Justice, sur les ruines de l'ancienne église Saint-Barthélemy, au Salon de Mars, rue du Bac, 75 (aujourd'hui salle du Pré-aux-Clercs, n° 85), au Salon de la Picarde, rue Saint-Denis, du côté de la rue Saint-Honoré. L'été, on s'acheminait vers la Chaumière, au n° 17 du boulevard Montparnasse, fondée par le père Lahire, ou sous les ombrages des Champs-Élysées, « au 387° arbre à main gauche », au Bal Mabille, (sur l'emplacement actuel de l'avenue Montaigne). « Walses », polkas et « mazourkas », alternaient avec les antiques contre-danses, le cancan échevelé ou les fantaisistes quadrilles ; c'était le temps, dont parle Nadaud, de Pomaré, Mogador et Clara, le temps aussi de Chicard, que nous rappellent un amusant dessin de Gavarni et une vue des Vendanges de Bourgogne, établissement renommé du faubourg du Temple et où se tinrent les bals Chicard.

Les cafés et estaminets connurent à cette époque une vogue particulière. Un dessin de Célestin Nanteuil retrace l'intérieur d'un estaminet en 1831 : joueurs de billards et de cartes, fumeurs, sont en un aimable négligé. Les jardins du Cheval-Blanc, rue du Faubourg-Saint-Denis, n'offrent pas non plus le même milieu select que les cafés Anglais et Véron, aux boulevards des Italiens et Montmartre, le café de la Rotonde, au Palais-Royal, le café Bonne-Nouvelle, le café Turc qui existe encore en partie chez Bonvalet, le café des Bains Chinois.

Parmi les classes diverses de fêtards et d'oisifs, circulent les grisettes, lorettes et lionnes, qui personnifient la galanterie parisienne à cette époque. Le joli dessin de Traviès, *Celles qui deviennent lionnes*, les représente à leurs débuts : de cette misérable rue Traversine, au ruisseau fétide, aux maisons branlantes, quel chemin à parcourir avant de posséder le somptueux hôtel d'une Josépha Mirah ! Ce sont ces étapes que Bourdet a retracées dans *Une vie de grisette*, depuis les premiers pas vers l'atelier jusqu'à l'entrée dans le demi-monde. La grisette n'est plus ; en émigrant de la rive gauche sur les pentes de Montmartre, elle est devenue lorette, comme ces jeunes femmes que Gavarni nous montre regardant du haut de la butte l'échoppe maternelle ou le balcon doré de leur nouveau salon. Puis, c'est la décadence, le retour à la rue, avec, pour compagnes, des malheureuses comme celles représentées dans le *Quartier de la Cité*.

XVI

Les petits métiers de la rue

Les ordonnances de police ont empêché bateleurs et physiciens de se réunir sur le boulevard du Temple, mais ces petits métiers n'ont pas déserté Paris.

Les montreurs de marionnettes parcourent les rues de la capitale : l'un d'eux s'engage à exhiber sa troupe aux Champs-Élysées pour la fête du roi (1er mai 1831). Plus loin, deux troupiers regardent bouche bée les merveilles d'un diorama ambulant et écoutent les explications fantaisistes de l'industriel. Au coin d'une rue, un jeune garçon joue de la serinette, tandis qu'un singe savant, habillé en général, reçoit dans son bicorne les aumônes des spectateurs. Dominant, de-ci, de-là, ces bruits divers, la vieille édentée, dessinée par Gavarni, soupire les plaintes d'« une jeune Sylphide », l'« aveugle des 15-20 », bonnasse et placide, évoque les victoires de Napoléon, en raclant son crin-crin, le joueur d'orgue déroule la série de ses airs et les bouffes-ambulants initient le grand public aux ensembles instrumentaux.

Les cris des marchands se mêlent à ces flots d'harmonie. Voilà le marchand d'habits et sa concurrente, la marchande de « chapeaux communs », l'auvergnat qui fait rôtir des marrons, le marchand de coco, la vendeuse d'allumettes, le petit ramoneur qui se heurte à la voiture d'une poissonnière, le marchand de bottes d'asperges. Victor Adam nous montre à son tour, des marchands de statuettes, de paniers, d'habits, de lait, le vitrier ambulant et le camelot criant le dernier « canard ». Deux aquarelles évoquent des types populaires : le chiffonnier qui repose sa hotte sur une borne; un balayeur, un cocher, une ravaudeuse et une ménagère faisant la causette. Cependant une jeune fille, qui baisse les yeux, dicte de tendres aveux à l'écrivain public.

<h2 style="text-align:center">XVII</h2>

<h1 style="text-align:center">Aspects de Paris</h1>

Dans les rues, bordées de boutiques que rappellent les prospectus exposés, les badauds ont des distractions de tous genres, heureux si les embellissements de Paris ne les font pas choir sur quelque tas de pavés, si la rue étroite ne les oblige à se coller aux murs pour laisser passer un tombereau, s'ils ne reçoivent dans les jambes les bûches des scieurs de bois, ou, sur leur bel uniforme de garde national, la sauce de quelque godiveau. Cependant d'aimables jeunes filles, comme celle que nous voyons au faubourg Saint-Jacques, cousent et rêvent avec ardeur devant leur fenêtre fleurie.

Une autre série de pièces retrace la physionomie de quelques coins de Paris, plus particulièrement populaires ou animés.

D'abord s'offre le Pont des Arts, où un invalide farouche reçoit le péage de provinciaux embarrassés, et où se tient le célèbre aveugle qui joue de la serinette, tandis que son caniche récolte les aumônes des sensibles passants. En aval du Pont-Neuf, nous voyons le pittoresque bateau-lavoir, dessiné par V. Adam.

A la place du Châtelet, la foule, assemblée au pied de la fontaine du Palmier, assiste à une vente à l'encan. Vu du Pont-au-Change, le tableau est particulièrement vivant : dans la Cité, le Palais de Justice, les toits pointue de la Conciergerie, la Tour de l'horloge, avec la boutique de l'ingénieur Chevallier, où, dans l'hiver de 1830, la foule vient interroger le thermomètre ; devant le Palais, des oisifs regardent les condamnés exposés au carcan : plus loin, le Marché-aux-fleurs, voisin de la Pompe Notre-Dame et du Prado, si cher aux danseurs ; enfin, le Pont Notre-Dame où se croisent les véhicules les plus divers et jusqu'à la voiturette trainée par un chien.

L'île Saint-Louis, l'île Louviers et les quais jusqu'au pont d'Austerlitz sont groupés en une pièce curieusement animée. Défilent successivement l'entrée du Jardin des plantes, la maison éclusière du canal Saint-Martin, le Port-aux-vins. L'île Louviers, rattachée, en 1843, à la rive droite et comprise aujourd'hui entre le boulevard Morland et le quai Henri IV, présente, au lieu des immeubles modernes, d'immenses chantiers de bois, bordés de peupliers : des vaches et des chèvres broutent le gazon des berges, foulé par les promeneurs dominicaux.

De la rive droite, nous apercevons l'île Saint-Louis ; à nos pieds le port Saint-Paul, dominé par un corps de garde. Du pont Marie, s'avance un régiment, sapeurs et musique en tête et, plus loin, sur le quai Bourbon, les bateleurs retiennent la foule, aux alentours de la pompe à feu du Port-au-blé.

Toutes ces estampes nous montrent les ménagères qui vont puiser l'eau à la Seine et les voitures-tonneaux des porteurs d'eau. Les fontaines étaient insuffisantes ; plusieurs de celles qui existaient alors sont représentées dans les aquarelles originales d'Amlin, exposées dans le compartiment qui suit.

XVIII

La Garde nationale. — L'Hôtel des Haricots
La prison de Clichy

Il est peu de sujets qui aient prêté autant à la satire et à la caricature que la Garde nationale. Ces bourgeois à lunettes, affublés de gibernes et de ceinturons passés par-dessus leurs vêtements civils, tremblant de peur et tenant leur fusil comme un cierge, ne sont certes pas flattés sur les lithographies de Bellangé. Le danger passé, leur vanité s'épanouit et ils se montrent avec orgueil les décorations gagnées aux journées de 1830. Réunis en « banquet de famille », grenadiers, officiers et sous-officiers acclament de leurs vivat répété le toast solennel porté au roi par leur capitaine. Mais tout n'est pas gai dans le métier, et le moindre désagrément qui résulte de ces fonctions, c'est de recevoir, au milieu d'une fête, l'ordre de service qui vous convoque, en petite ou en grande tenue, pour monter la garde ; c'est encore, au premier janvier, de mettre la main à la

poche, quand les tambours de la compagnie viennent
vous présenter leurs vœux : c'est surtout, pour une pec-
cadille, d'être envoyé aux arrêts, à l'hôtel des Haricots,
d'abord rue des Fossés-Saint-Bernard, à l'hôtel de
Bazancourt, puis, à partir de 1837, près du pont d'Austerlitz, sur l'emplacement actuel de la gare d'Orléans.

La maison d'arrêt de la Garde nationale n'est pas la
seule qu'ait à redouter un bon bourgeois aux mœurs
tranquilles. S'il dépense un peu plus que ses revenus,
s'il fait des dettes, ses créanciers n'hésitent pas à mettre
des records à ses trousses et à le faire enfermer à
Clichy. La prison pour dettes est située rue de Clichy,
sur l'emplacement actuel de la rue Nouvelle. Elle est à
deux pas des jardins de Tivoli et les accords des violons
s'entendent parfaitement du préau : « Quand nous
voulons danser, Tivoli est là, mon cher. Entre Tivoli et
nous, il n'y a que deux murs et un coup de fusil ». Là,
on se trouve souvent entre bons garçons. Pas moyen de
faire de farces à sa Ninie, mais bah ! avec sa casquette,
sa pipe d'écume et son Montaigne, on peut attendre
philosophiquement l'heure de la délivrance.

XIX

Les moyens de transport

Entre 1820 et 1840, en pleine période romantique par
conséquent, une révolution radicale s'accomplit dans
les moyens de transport.

C'est d'abord le développement subit des voitures
publiques dans Paris et la création, en 1828, des « omnibus ». Le génial Vautrin, caché sous l'enveloppe de
l'abbé Carlos Herrera, avait prévu l'engouement des
Parisiens pour les transports en commun, lorsqu'il plaça
tous ses fonds dans ces entreprises, afin de constituer
une dot à Lucien de Rubempré. Rien ne peut rendre
en effet la vogue que connurent, dès le début, les lourds
véhicules qui, pour 25 ou 30 centimes, transportaient
les voyageurs d'un bout à l'autre de Paris en service
accéléré. En 1829, la Compagnie des Omnibus exploitait
quinze lignes, mais des compagnies rivales sous les
noms les plus variés, lui faisaient une rude concurrence : c'étaient les tricycles, du Palais-Royal au boulevard Montparnasse, les Écossaises, du Faubourg
Montmartre à la rue des Fossés-Saint-Victor, les Béar-
naises, de la Bourse à Saint-Sulpice, les Dames Blan-
ches, de la Madeleine à la Porte-Saint-Martin. Sur les
Citadines et les intrigues qu'on y pouvait nouer, circu-
lait une chanson :

> Ce char nouveau qui nous conduit
> Est si propice au doux mystère...
> Citadine, citadine,
> Roule, roule plus lentement.

Les voitures particulières, les élégants cabriolets, les antiques coucous, s'entrecroisant avec les omnibus à travers les rues, exposaient les passants au danger d'être renversés, sinon écrasés: aussi la police bienveillante crut-elle « utile de rappeler qu'il serait à « désirer que les piétons s'abstinssent de circuler au « milieu des rues et adoptassent, par préférence, les « trottoirs ou le côté des maisons, en ayant soin de « prendre toujours la droite sur chaque trottoir ». Ce que le piéton cherche surtout à éviter, c'est la « stanope » ou le tilbury du dandy qui mène à toutes brides, parfois cheveux au vent, son chapeau dans la caisse et son « tigre » ou groom l'abritant avec un large parasol.

De Paris partaient en outre, pour les divers points de la province, les lourdes diligences des messageries. Diverses Compagnies, comme pour les omnibus, se partageaient les réseaux de routes ou se concurrençaient sur les itinéraires les plus fréquentés. En dehors des Messageries royales, il y avait l'entreprise Laffitte, Caillard et Cie, l'entreprise Toulouse appelée aussi Messageries des Jumelles, sans parler de l'entreprise Touchard, faubourg Saint-Denis, dont les beaux véhicules faisaient tourner la tête à Pierrotin, le voiturier de l'Isle-Adam.

On sait quelle scène pittoresque constituait le départ ou l'arrivée de la diligence. Rowlandson, le célèbre caricaturiste anglais, n'a pas manqué d'exercer sa verve à cette occasion.

Cependant, depuis 1835, un événement se préparait qui allait amener la transformation la plus complète dans les moyens de transport. Le 26 août 1837, était inauguré le chemin de fer de Paris à Saint-Germain-en-Laye, premier chemin de fer ayant eu un service régulier. Le tracé était sensiblement le même qu'aujourd'hui, sauf les points de départ et d'arrivée qui étaient le pont de l'Europe et le Pecq, au lieu de la gare Saint-Lazare et Saint-Germain. Les places coûtaient 1 franc et 1 fr. 50 et la distance, 18 kil. 430, était franchie, dit le prospectus, en 25 ou 30 minutes, sans arrêt intermédiaire. A soixante-dix ans d'intervalle, les conditions sont restées à peu près les mêmes pour le prix et la durée de ce petit voyage.

La déchéance du cheval commençait, et cependant c'était l'époque où le Jockey-Club se fondait, où les courses du Champ de Mars étaient en pleine vogue, et où l'hippodrome de Chantilly s'organisait.

XX

Les Barrières

A peine est-on sorti des barrières de Paris, à peine a-t-on franchi la grille à l'entrée de laquelle se pressent diligences, charrettes et bestiaux, qu'on se trouve en pleine campagne. Quoi de plus romantique que ce pavillon en ruines à l'extrémité du Chemin-Vert, à deux pas de la prison de la Roquette? C'est l'ancienne barrière des Amandiers dont l'abandon est parfaitement rendu dans la sepia de Palaiseau. Et les Buttes-Chaumont! Quel ne devait pas être leur aspect sauvage avant qu'Alphand les ait tranformées en parc. Ménilmontant n'est qu'un village relié à Paris par une large chaussée bordée d'arbres, actuellement la rue de Ménilmontant. Les barrières de Belleville, de Ramponeau, sont fleuries de guinguettes d'où, aux jours gras, les masques opèrent la fameuse descente de la Courtille, par la rue du Faubourg-du-Temple.

À Montmartre, quelques-uns des moulins qui couronnent la butte font encore tourner leurs ailes, mais la plupart sont transformés en cabarets où l'on monte en parties fines, sous prétexte d'admirer le panorama. Dans la plaine Monceau, ce sont des jardins maraîchers, à Passy des pompes à feu, des usines, à la barrière d'Italie, près de la Butte-aux-Cailles, encore des moulins. Le bassin de la Villette, avec son étrange rotonde, semble perdu dans quelque pays exotique. À la barrière du Trône, aujourd'hui place de la Nation, se dressent deux colonnes vétustes, garnies de verdure dans les interstices des pierres, sans statues au sommet, derniers vestiges de l'arc de triomphe dessiné par Perrault au xviie siècle.

XXI

Les Trois Glorieuses

Des épisodes marquants de la Révolution de juillet sont rappelés par quelques pièces : c'est la dévastation de la boutique d'un armurier, Lepage, qui demeurait rue de Richelieu, au nº 13, et chez qui la foule alla chercher des armes le mardi 27 juillet; c'est une scène d'émeute devant l'Abbaye, maison d'arrêt militaire, située près de l'église Saint-Germain-des-Prés. La journée du 28 juillet est représentée par un dessin de Raffet, *Barricade de la rue Saint-Antoine* et par l'épisode du Pont d'Arcole. Pour la journée du 29 juillet, c'est un rassemblement, rue Saint-Honoré, se rapportant à la *Prise du Palais-Royal*. Le 30 juillet, après la victoire, le préfet de police Bavoux, député de la Seine, adresse une proclamation au peuple de Paris. Et une lithographie de Chapuy et V. Adam retrace le pittoresque retour de Rambouillet, avec les équipages de la Cour, le 3 août.

Les croquis d'après nature d'Eugène Lamy nous figurent de petites scènes de la Révolution : combat du Pont des Arts, barricades, convois divers et transports de blessés. Ils voisinent avec des pièces populaires : une brochure contre les ministres de Charles X et un recueil des chansons que les événements ont inspirées à Béranger, Casimir Delavigne et autres poètes contemporains.

Citons, pour terminer, un curieux certificat de civisme délivré par les révolutionnaires à l'avocat Bon, an qui devait être mis à mort pendant la Commune de : ˜l, et une relation manuscrite des évènements qui se ˙nt passés dans le VIIᵉ arrondissement.

XXII

Les Champs-Élysées et la Concorde

Le quartier des Champs-Élysées commence à prendre de l'animation ; bien des artistes, des littérateurs, voire même des élégants viennent se loger dans les maisons neuves construites en bordure de l'avenue Fortunée, de l'avenue Byron, de l'avenue Chateaubriand, sur l'emplacement des jardins Beaujon. Le comte d'Orsay, successeur de Brummel sur le trône du dandysme, choisit pour demeure la propre maison de lord Byron. Balzac vient mourir dans un petit hôtel de l'avenue Fortunée, alors barrée par un moulin à vent, dernier vestige de la « folie » du xviiiᵉ siècle. C'est aujourd'hui la rue Balzac.

L'arc de triomphe de l'Étoile est à peine achevé, et complète la perspective magnifique de l'ancienne allée du Roule, devenu l'avenue des Champs-Élysées. Tout autour, c'est encore, en 1846, un mélange de petits hôtels et de jardins. Auprès du rond-point, dans l'allée des Veuves, actuellement avenue Montaigne, le bal Mabille ouvre ses portes. Ses palmiers de zinc, son éclairage au gaz, son orchestre modèle conduit par Pilaudo, lui assurent la vogue que d'autres jardins beaucoup plus spacieux n'ont pas su garder.

Dans les contre-allées en bordure de l'avenue, entre le rond-point et la place de la Concorde, se dressent des théâtres ambulants, le jour de la fête du roi. C'est la Saqui avec ses exercices sur la corde raide, la veuve Anger et son petit spectacle dit Castallet.

Des mâts de cocagne, des marchands de gâteaux, des bateleurs de toute sorte mettent pour un jour, dans ce beau quartier, la gaieté des fêtes populaires, mais en temps normal c'est la fashion qui se réunit à cet endroit. On vient assister au défilé de Longchamp; sous les arbres, les chaises se rapprochent et forment de petits cercles; on potine ferme, en écoutant d'une oreille distraite les « virtuosi ambulanti » fort bien vêtus, qui ont déserté le boulevard de Gand pour le nouveau lieu à la mode, entre les chevaux de Marly et l'avenue de Marigny.

A l'entrée des Champs-Élysées s'élève le pavillon Peyronnet, comme un pavillon de chasse à la lisière d'un bois, mais au lieu d'un garde c'est un restaurateur qu'on y trouve.

La place de la Concorde est loin d'avoir la tenue et la correction dont elle fait montre de nos jours. Irrégulièrement empierrée, elle est entourée de larges douves où croît une végétation folle. D'énormes bornes tracent la voie que doivent suivre les voitures. Les chevaux, œuvre de Couston, ramenés de l'abreuvoir de Marly pour faire pendant à ceux de l'entrée des Tuileries, achèvent de donner une physionomie étrange à la place. Devant les lithographies de 1830, on comprend mieux la tradition qui veut qu'en 1788 on ait sonné l'hallali d'un chevreuil sous les yeux de Marie-Antoinette, accoudée aux terrasses des Tuileries.

En 1834, l'ex-place de la Révolution, devenue place de la Charte, reprend, sous son ancien nom de place Louis XV, un aspect plus policé. En l'honneur de l'exposition de l'industrie, on a bâti dans ses angles quatre pavillons provisoires et, au centre, on a dressé une figuration de l'obélisque de Louqsor, impatiemment attendu. L'exposition s'achève. Les pavillons disparaissent. Le monolithe arrive enfin, soigneusement emmailloté pour éviter des heurts, et, en 1836, est érigé solennellement sur la place.

XXIII

Les environs de Paris

Quand vient l'été, la « petite propriété », autrement dit le petit bourgeois, fait ses paquets et part pour la campagne. On met le chat dans un panier, on emballe les perroquets, et on va se donner des airs de monseigneur à sa maison des champs, qui à pied, qui en diligence, qui en coucou ou en char-à-bancs. Le pittoresque du départ n'égale que celui du retour avec les désagréments qui guettent les voyageurs, les perquisitions sans tact ni mesure des employés d'octroi, le déballage des vêtements sous la pluie battante. Ceux qui ne vont qu'à Sèvres ou à Saint-Cloud prennent le bateau à vapeur au quai d'Orsay, près du Pont Royal, en face de l'endroit où s'amarrait naguères encore le coche d'eau halé par des chevaux.

Les lieux de promenade ou de villégiature ne manquent pas, ni les distractions. Dans les villages comme Montmorency, où les parties d'ânes sont en usage, on compte jusqu'à deux cents de ces animaux attendant, rangés sur la grande place, qu'on vienne les louer moyennant 2 francs l'heure. Les messieurs préfèrent les petits chevaux, mais les dames ne veulent que des ânes. Aussi les maîtres de maison qui veulent bien faire les choses louent-ils d'avance toute une cavalerie variée pour leurs invités.

A Saint-Germain, on va se perdre dans la forêt, non

sans avoir au préalable donné un coup d'œil à l'admirable vue qui s'étend au pied de la terrasse. En automne, on pousse même jusqu'au carrefour des Loges, près de l'ancienne abbaye, où, tous les ans, une fête foraine attire les visiteurs en foule. De ces fêtes locales, il y en a d'ailleurs un peu partout, à Auteuil, à Bellevue, à Saint-Cloud. A Beau-Grenelle, les entrepreneurs du nouveau village fondent un couronnement de rosières.

Mais les gens paisibles, qui aiment la campagne pour elle-même, préfèrent les ombrages verdoyants de Ville-d'Avray ou la grâce champêtre de Bougival et de Suresnes. Les personnes pieuses montent au sommet du Mont-Valérien que couronne, jusqu'en 1830, un calvaire, les badauds vont voir les cascades de Saint-Cloud, tandis que les cœurs épris de poésie voguent en nacelle sur les eaux dormantes de Versailles et de Trianon.

La présente Notice est l'œuvre collective de MM. Marcel Poëte, inspecteur des travaux historiques et conservateur de la Bibliothèque, Edmond Beaurepaire, bibliothécaire, Etienne Clouzot et Gabriel Henriot, attachés, qui tous trois ont secondé le Conservateur dans l'installation de cette Exposition.

M. Paul Lacombe a eu la complaisance de prêter plusieurs pièces de sa très importante collection. M. Beaurepaire a gracieusement donné au dépôt deux vues panoramiques de Paris à l'époque des Romantiques. Les pièces qui composent la vitrine consacrée à Victor Hugo, appartiennent à un autre fonctionnaire du Service, M. Stirling. Enfin quelques-unes des photographies exposées font partie des séries de la Commission du Vieux-Paris, qui veut bien octroyer à la Bibliothèque une épreuve de chacun de ses clichés.

Paris.—Imp. PAUL DUPONT, 12, 6, C.